Essais orientaux

James Darmesteter

Lévy, 1883

Édition : BoD · Books on Demand, 31 avenue Saint-Rémy, 57600 Forbach, bod@bod.fr
Impression : Libri Plureos GmbH, Friedensallee 273, 22763 Hamburg (Allemagne)
ISBN : 978-2-3225-3763-1
Dépôt légal : Décembre 2024

TABLE DES MATIÈRES.

II

LE DIEU SUPRÊME

DANS LA

MYTHOLOGIE ARYENNE[1]

CHAPITRE Ier.

LE DIEU SUPRÊME

Les dieux Aryens ne sont pas organisés en République : ils ont un Roi. Il y a, au-dessus des dieux, un dieu suprême.

Quatre des mythologies aryennes ont conservé une notion nette et précise de cette conception : ce sont celles de la Grèce, de l'Italie, de l'Inde ancienne et de la Perse ancienne. Ce dieu suprême s'appelle Zeus en Grèce, Jupiter en Italie, Varu*n*a dans l'Inde ancienne, Ahura Mazda dans la Perse ancienne.

ZEUS ET JUPITER

Environ trois siècles avant notre ère, un poète grec s'adressait ainsi à Zeus :

« O le plus glorieux des immortels, aux noms multiples, à jamais tout puissant, Zeus, toi qui conduis la nature, gouvernant toutes choses suivant une loi, salut !... À toi tout cet univers, roulant autour de la terre, obéit, où que tu le conduises, et par toi se laisse gouverner... Si grand de nature, roi suprême à travers toutes choses, nulle œuvre ne se fait sans toi, ni sur la terre, ni dans la région céleste de l'éther, ni sur la mer, que celles qu'en leur folie accomplissent les pervers[2]. »

C'est là le Zeus des philosophes, des Stoïciens, de Cléanthe : mais il est déjà tout entier dans celui des vieux poètes. Puissant, omniscient et juste est le Zeus d'Eschyle comme celui de Cléanthe : c'est le roi des rois, le bienheureux des bienheureux, la puissance souveraine entre toutes[3], seul libre entre les dieux[4], qui des plus puissants est le maître, qui aux ordres de nul n'est asservi, au-dessus de qui nul ne siège à qui d'en bas il doive respect[5], et en qui l'effet suit la parole ; c'est le dieu aux pensées profondes, de qui le cœur a des voies sombres et voilées, impénétrables au regard, et jamais n'avorte le projet qui s'est formé dans son cerveau ; c'est enfin le père de la justice, de Diké, la vierge terrible « qui souffle sur le crime la colère et la mort[6] ; » c'est lui qui « de l'enfer fait monter contre le mortel audacieux et pervers la vengeance aux tardifs châtiments[7]. » Avant Eschyle, Terpandre proclame en Zeus le principe de toute chose, le dieu qui conduit toute chose[8] ; Archiloque chante en Zeus père, le dieu qui gouverne le ciel, qui surveille les actions coupables et injustes des hommes, qui tire châtiment et vengeance des monstres, et aussi le dieu qui a fait le ciel et la terre[9]. Le vieillard d'Ascra sait que Zeus est le père des dieux et des hommes, que son regard voit et comprend tout être et saisit tout ce qu'il lui plaît[10].

Enfin, d'aussi loin que le Panthéon grec paraît à la lumière de l'histoire, dès Homère, Zeus domine de toute sa hauteur le peuple de dieux qui l'entoure : lui-même proclame, et les dieux après lui, qu'entre tous les immortels il est en puissance et en force le plus grand sans conteste[11] ; les dieux devant ses ordres se courbent en silence ; qui d'entre eux lui désobéirait, il le lancerait dans le Tartare ténébreux, bien au loin, au plus profond des abîmes souterrains : seul contre tous, il les dompterait ; qu'ils laissent tomber du haut du ciel une chaîne d'or, qu'ils s'y suspendent, tous dieux et toutes déesses, ils seront impuissants, si fort qu'ils peinent à l'entraîner du ciel sur la terre, lui Zeus, souverain ; et s'il lui plaît, à lui, il les entraînera avec la terre même, avec la mer même, et il attachera ensuite la chaîne à la crête de l'Olympe, il y suspendra l'univers, tant il est au-dessus des hommes, au dessus des dieux[12]. Il n'est pas seulement le plus puissant, il est aussi le plus sage, il est le μητιέτης ; il est toute sagesse et il est aussi toute justice ; de lui ont reçu leurs lois les juges des fils des Achéens ; très bon, très grand, il converse en sages entretiens avec la Loi, Thémis, assise à ses côtés ; les prières sont ses filles qu'il venge de l'injure du violent[13]. Ainsi, puissance, sagesse, justice sont de tous temps en Zeus, dans celui d'Homère, comme dans celui de Cléanthe, dans celui des poètes comme des philosophes, dans le plus lointain du paganisme comme aux approches de la religion du Christ. Un dieu providentiel domine le Panthéon des Hellènes.

Ce que Zeus est en Grèce, Jupiter l'est en Italie : le dieu qui est au-dessus des dieux. L'identité des deux divinités est si frappante que les anciens mêmes, devançant la mythologie comparée, la reconnurent tout d'abord. C'est le Dieu grand entre tous et bon entre tous, *Jupiter Optimus Maximus*.

VARUNA

La plus ancienne des religions de l'Inde, celle que nous font connaître les Védas, a elle aussi un Zeus, il se nomme *Varuna*[14].

« Certes, admirables de grandeur sont les œuvres qui viennent de lui, lui qui a séparé et fixé les deux mondes[15] sur toute leur étendue, lui quia mis en branle le haut, le sublime firmament, qui a étendu là haut le ciel, ici la terre[16].

« Ce ciel et cette terre qui au loin s'étendent, ruisselants de lait, si beaux de forme, c'est par la loi de Varuna qu'ils se tiennent fixes l'un en face de l'autre, êtres immortels à la riche semence[17].

« Il a étayé le ciel, cet Asura[18] qui connaît toutes choses, il a donné sa mesure à la largeur de la terre ; il trône sur tous les mondes, roi universel ; toutes ces lois du monde sont lois de Varuna[19].

« Dans l'abîme sans base le roi Varuna a dressé la cime de l'arbre céleste[20]. C'est le roi Varuna qui a frayé au soleil le large chemin qu'il doit suivre ; aux êtres sans pieds il a fait des pieds pour qu'ils courent.

« Ces étoiles placées au front de la nuit qu'elles éclairent, où sont elles allées pendant le jour ? Infaillibles sont les lois de Varuna : la lune s'allume et va dans la nuit[21].

« Varuna a frayé des routes au soleil : il a jeté en avant les torrents fluctueux des rivières. Il a creusé de larges lits et rapides, où se déroulent en ordre les flots déchaînés des journées[22].

« Il a mis la force dans le cheval, le lait dans la vache, l'intelligence dans les cœurs, Agni[23] dans les eaux, le soleil au ciel, Soma[24] dans la pierre[25].

« Le vent est ton souffle, ô Varuna, qui bruit dans l'atmosphère comme d'un bœuf en pâture. Entre cette terre et le ciel sublime, toutes choses, ô Varuna, sont ta création[26].

Il y a un ordre dans la nature : il y a une loi, une habitude, une règle, un *Rita*. Cette loi, ce *Rita*, c'est Varuna qui l'a établi. Il est le dieu du *Rita* « le dieu de l'ordre, » il est « le gardien du *Rita*, le conducteur du *Rita*[27], » il est le Dieu aux lois efficaces, aux lois stables[28] ; en lui reposent, comme dans le roc, les lois inébranlables[29].

Organisateur du monde, il en est le maître. Il est le premier des *Asuras*, « des Seigneurs ; » il est *l'Asura* par excellence, « le Seigneur. » Il est le roi du monde entier, le roi de tout être, le roi universel, le roi indépendant ; nul parmi les dieux n'enfreint ses lois : « c'est toi, Varuna, qui es le roi de tous ceux là qui sont dieux, ô Seigneur, et de ceux qui sont hommes[30] ».

Ayant l'omni-puissance, il a aussi l'omni-science ; il est « le Seigneur qui connaît toutes choses », *l'Asura viçva-vedas.* C'est le sage à la sagesse suprême en qui toutes les sciences ont leur centre : quand le poète veut exalter la science d'un dieu, il la compare à celle de Varuna[31]. « Il sait la place des oiseaux qui volent dans l'atmosphère, il sait les vaisseaux sur l'Océan. Il sait les douze mois et ce qu'il font naître, il sait toute créature qui naît. Il sait la voie du vent sublime dans les hauteurs, il sait qui s'assied au sacrifice. Le dieu aux lois stables, Varu*na*, a pris place dans son palais pour être roi universel, dieu à la belle intelligence. De là, suivant de la pensée toutes ces merveilles, il regarde à l'entour ce qui s'est fait et ce qui se fera[32]. »

Témoin universel, il est le juge universel, juge infaillible, à qui rien n'échappe : point ne le trompe qui veut le tromper. Il voit d'en haut le mal qui se commet ici-bas et le frappe : il a des liens septuples dont il enlace celui qui ment, par trois fois, par le haut, par le milieu, par la bas du corps. L'homme tombé sous l'étreinte du malheur implore sa pitié, se devine criminel et sent dans cette main qui frappe une main qui châtie :

« Je t'interroge, ô Varu*na*, désirant connaître ma faute : je viens à toi, t'interroger, toi qui connais.

« Tous d'accord les sages m'ont dit : C'est Varu*na* qui contre toi est irrité.

« Quel si grand crime ai-je commis, ô Varu*na*, que tu veux tuer ton ami, ton chantre ? Dis-le moi, ô Seigneur, ô infaillible, pour qu'aussitôt je porte à tes pieds mon hommage.

« Dégage-moi du lien de mon crime ; ne tranche pas le fil de la prière que je tresse. Ne nous livre pas aux morts qui, à ton impulsion, ô Asura, frappent qui commet le crime : oh ! ne nous envoie pas dans les régions qui sont au loin de la lumière.

« Fais-moi payer la dette de mes fautes : mais que je ne souffre pas, ô roi, pour le crime d'autrui ; il y a tant d'aurores qui n'ont pas encore brillé ! Fais-nous les vivre, ô Varuna[33] ! »

Tel est le dieu suprême de la religion védique, dieu organisateur, tout puissant, omniscient, moral. Voici un hymne védique qui résume avec une force singulière les attributs essentiels du dieu :

« Celui qui dans les hauteurs gouverne le monde voit toutes choses comme si elles étaient sous sa main ;… ce que deux hommes, assis l'un près de l'autre, complotent, le roi Varuna l'entend, lui troisième.

« Cette terre appartient au roi Varuna, et ce ciel, ces deux mondes sublimes, aux bornes lointaines ; les deux mers[34] sont le ventre de Varuna, et jusque dans cette petite mare d'eau il repose.

« Qui sauterait par-dessus le ciel et au-delà, il n'échapperait pas au roi Varuna : il a ses espions, les espions du ciel qui parcourent le monde, il a ses mille yeux qui regardent la terre.

« Il voit tout, le roi Varuna, tout ce qui est entre les deux mondes et au-delà ; il compte les clignements d'œil de toutes les créatures : le monde est dans ses mains comme les dés aux mains du joueur.

« Tes liens septuples, ô Varuna, tes liens de colère qui par trois fois s'enchaînent, qu'ils enchaînent l'homme aux paroles du mensonge, qu'ils laissent libre l'homme aux paroles de vérité[35] !

AHURA MAZDA[36]

La Perse ancienne, à Zeus, à Jupiter, à Varuna oppose son Ormazd ou Ahura Mazda[37]. « C'est par moi, dit-il à son prophète Zoroastre, que subsiste, sans colonnes où reposer, le firmament aux limites lointaines, taillé dans le rubis étincelant ; par moi la terre…, par moi le soleil, la lune, les étoiles se promènent dans l'atmosphère avec leurs corps rayonnants : c'est moi qui ai organisé les grains de telle sorte que semés en terre ils poussent et se multiplient ; c'est moi qui ai créé toutes espèces de plantes ; qui dans ces plantes et dans tous les autres êtres ai mis un feu de vie qui ne les consume pas ; c'est moi qui dans le sein maternel produis le nouveau né, qui membre à membre forme la peau, les ongles, le sang, les pieds, les oreilles ; c'est moi qui ai donné à l'eau des pieds pour courir, moi qui ai fait les nuages qui portent les eaux du monde…, etc.[38]. » Ce développement, tiré d'un livre récent des Guèbres, le Bundehesh, tient tout entier dans les premiers mots de leur livre le plus ancien, l'Avesta : « Je proclame et j'adore le créateur Ahura Mazda. » Aussi loin que peut le suivre l'histoire, il est déjà ce qu'il est aujourd'hui ; près des ruines de l'antique Ecbatane, le voyageur peut lire sur le granit rouge de l'Elvend ces mots qui y furent gravés, près de cinq siècles avant la naissance du Christ, par la main de Darius, roi des rois :

« C'est un dieu puissant qu'Auramazda !
« C'est lui qui a fait cette terre, ici !
« C'est lui qui a fait le ciel, là-bas !
« C'est lui qui a fait le mortel ! »

« Ce dieu qui a fait le monde, le gouverne. Il est le souverain de l'univers, l'*Ahura* « le Seigneur. » — « C'est un dieu puissant, s'écrie Xerxès, c'est le plus grand des dieux[39]. » C'est à sa faveur que Darius, traçant sur le rocher de Behistoun le récit de ses dix-neuf victoires, rapporte son élévation et ses triomphes ; c'est à sa protection suprême qu'il confie la Perse :

« Cette contrée de Perse qu'Auramazda m'a donnée, cette belle contrée, belle en chevaux, belle en hommes, par la grâce d'Auramazda et de moi, le roi Dârayavus, de nul ennemi n'a rien à craindre.

« Qu'Auramazda me porte secours avec les dieux nationaux, qu'Auramazda protège ce pays des armées ennemies, de la stérilité et du mal ! Que l'étranger n'envahisse point ce pays, ni l'armée ennemie, ni la stérilité, ni le mal ! Voilà la grâce que j'implore d'Auramazda et des dieux nationaux[40]. »

Ce monde qu'il a organisé est une œuvre d'intelligence ; c'est par sa sagesse qu'il a commencé et qu'il finira. Il est l'intelligence qui connaît toutes choses et c'est à lui que le sage s'adresse pour pénétrer les mystères du monde :

« Révèle-moi la vérité, ô Ahura ! Comment a commencé la bonne création ?

« Quel est le père qui, au début des temps, a engendré l'Ordre ?

« Qui a frayé leur route au soleil et à l'étoile ? Qui fait que la lune croît et décroît ? De toi, ô Ahura, je veux apprendre ces choses et d'autres encore.

« Qui a fixé la terre sans support, l'affermissant contre la chute ? Qui, les eaux et les arbres ? Qui a donné leur course rapide aux vents et aux nuées ?

« Quel artiste habile a fait la lumière et les ténèbres ? Quel artiste habile a fait le sommeil et la veille ? Par qui vont l'aurore, le midi et la nuit ?

« Qui a rendu le fils cher à son père pour qu'il l'élève ?

« Voilà les choses que je veux te demander, ô Mazda, ô bienfaisant esprit, ô créateur de toutes choses ![41] »

Par cette omniscience, il embrasse tous les actes des hommes. Il surveille toutes choses, voit au loin ; sans sommeil, sans ivresse, il est l'infaillible ; « il n'y a pas à le tromper, l'Ahura qui connaît toutes choses. » Il voit l'homme et le juge, et le frappe s'il n'a pas suivi sa loi. Car c'est de lui qu'est descendue la loi de l'homme comme la loi du monde, et de lui vient, entre toutes les sciences, la science suprême, celle du devoir, celle des choses qu'il faut penser, dire et faire et celle des choses qu'il ne faut penser, dire, ni faire. À qui a bien prié, bien pensé, parlé et agi, il ouvre son éclatant paradis ; à qui a mal prié, pensé, parlé et agi, son horrifique enfer.

CHAPITRE II

LE DIEU SUPRÊME, DIEU DU CIEL

Ainsi les Aryens de Grèce, d'Italie, d'Inde et de Perse s'accordaient à mettre au plus haut de leur Panthéon un dieu suprême qui gouverne le monde et qui en a fondé l'ordre, dieu souverain, omniscient, moral. Cette conception identique a-t-elle été conquise des quatre côtés par quatre créations indépendantes, ou bien est-elle un héritage commun de la religion indo-européenne, et les ancêtres aryens des Grecs, des Italiens, des Indiens et des Persans connaissaient-ils déjà un dieu suprême, organisateur, souverain, omniscient, moral ?

Bien que la seconde hypothèse soit plus simple et plus vraisemblable que la première, on ne peut cependant l'accepter de prime abord comme certaine : car une conception abstraite et logique de ce caractère peut très bien se développer à la fois chez plusieurs peuples d'une façon identique et indépendante. À quiconque le regarde, le monde en tout temps et en tout lieu peut révéler un artiste suprême : Socrate n'est point l'élève du Psalmiste et les deux lui racontent, comme au chantre hébreu, la gloire du Seigneur.

Mais si la conception abstraite se trouve étroitement liée à une conception naturaliste et matérielle et que celle-ci soit identique des quatre côtés, sachant, d'autre part, que ces quatre religions ont un passé commun, l'hypothèse que cette conception abstraite est un héritage de ce passé, non une création du présent, pourra s'élever jusqu'à la certitude.

Or, ces Dieux qui organisent le monde, le gouvernent et le surveillent, ce Zeus, ce Jupiter, ce Varuna, cet Ahura Mazda, ne sont pas la personnification d'une simple conception abstraite. Ils sortent d'un naturalisme antérieur, dont ils sont encore mal dégagés : ils ont commencé par être des Dieux du ciel.

Zeus et Jupiter n'ont jamais cessé de l'être et d'en avoir conscience. Quand le monde a été partagé entre les dieux, « Zeus a reçu en partage le vaste ciel dans l'éther et les nuées[42]. » C'est comme dieu du ciel que tantôt il brille lumineux et tranquillement pur, trônant dans les splendeurs éthérées, que tantôt il s'assombrit, amasseur de nuées (νεφεληγερέτης) répandant les pluies célestes (ὄμβριος, ὑέτιος) » lançant sur la terre le tourbillon des vents farouches, tendant l'ouragan du haut de l'éther, brandissant le tonnerre, l'éclair, la foudre (κεραύνιος, ἀστραπαῖος, βροντῶν)[43]. C'est pour cela que la foudre est son arme et son attribut, « la foudre au pied infatigable qu'il pousse dans les hauteurs »[44] ; c'est pour cela qu'il roule sur un char retentissant, brandissant de sa main le trident de feu ou bien le lançant sur les ailes de l'aigle ou de Pégase, coursiers aériens de l'éclair ; c'est pour cela qu'il est l'époux de Δημητηρ « la Terre mère », qu'il féconde de ses torrents de pluies[45] ; c'est pour cela qu'il laisse sortir, de son front, selon les uns, de son ventre, selon les autres, de la nuée, selon la légende crétoise, Athéné, la déesse resplendissante, au regard pénétrant, qui jaillit en agitant des armes d'or, avec un cri qui fait retentir le ciel et la terre ; incarnation de la lumière qui éclate du front du ciel, du ventre du ciel, du sein de la nuée, en remplissant l'espace de sa splendeur et du fracas de sa naissance orageuse[46]. Enfin le nom même de *Zeus*, génitif *Dios*, anciennement *Divos*, est, conformément aux lois de la phonétique grecque, le représentant littéral du sanscrit Dyaus « ciel », génitif *Divas*, et l'hymen de Ζεὺς πατήρ et de Δημήτηρ est la contre-partie exacte de l'hymen védique de *Dyaus pitar* et de Pri*thivî mâtar*, « du Ciel-Père » et de la « Terre-Mère ». Le mot Ζεὺς est un ancien synonyme de Οὐρανός, sorti de l'usage commun de la langue et devenu nom propre : encore, dans un certain nombre d'expressions garde-t-il un souvenir de sa valeur première. Ainsi quand la Terre prie Zeus de pleuvoir sur elle, quand l'Athénien en prière s'écrie : « Pleus, pleus, ô cher Zeus, sur le champ des Athéniens et sur les plaines[47]. » « Zeus a plu toute la nuit, » dit Homère, ὗε Ζεύς κάννυχος. Dans toutes ces expressions Zeus peut se traduire littéralement comme nom commun, Ciel.

Jupiter, identique à Zeus dans ses fonctions, lui est identique dans ses attributs matériels.

Le mot *Jupiter*, ou mieux *Jup-piter*, est pour *Jus-piter*, composé de *pater* et du nom propre *Jus*, contraction latine du sanscrit *Dyaus*, du grec Ζεὺς : *Juppiter* est donc l'équivalent exact du grec Ζεὺς πατήρ, et le mot a même conservé plus vivante que Zeus la conscience de sa signification première : *sub Jove* signifie « sous le ciel » : le chasseur attend le sanglier Marse, sans souci du froid ni de la neige, *sub Jove frigido* « sous le Jupiter, sous le ciel froid. » Dyaus est encore en latin, comme il l'est en sanscrit, le nom du ciel brillant : « contemple, dit le vieil Ennius, au-dessus de ta tête ce lumineux espace que tous invoquent sous le nom de Jupiter.

Adspice hoc sublime candens quem invocant omnes Jovem[48]. »

Varuna, comme ses frères d'Europe, a été et est encore un dieu matériel et un dieu matériel du même ordre, un dieu du Ciel. C'est pour cela que le soleil est son regard, que le soleil, bel oiseau qui vole dans le firmament, est son messager aux ailes d'or[49] ; que les rivières célestes coulent dans le creux de sa bouche comme dans le creux d'un roseau[50] ; que, visible en tout lieu, tour à tour lumineux et ténébreux, tour à tour il s'enveloppe de la nuit et émet les aurores, tour à tour « revêt les vêtements blancs et les vêtements noirs. » Comme Zeus, et pour la même cause, c'est un amasseur de nuées : il retourne l'outre du nuage et la lâche sur les deux mondes, il en inonde la terre et le ciel, il revêt les montagnes du vêtement des eaux[51], et ses yeux rouges sillonnent sans trêve la demeure humide de leurs clignotements d'éclair[52]. Comme Zeus père d'Athéné, il est le père d'Atharvan, « l'Igné », de Bhrigu « le Fulgurant », autant de noms d'Agni, de l'éclair ; Agni lui-même naît « de son ventre, dans les eaux », comme une autre Athéné. Enfin, comme Zeus, comme Jupiter, il porte dans son nom même l'expression de ce qu'il est, et le sanscrit Varuna est le représentant phonétique exact du grec Ούρανός « ciel. »

Enfin le dieu souverain de la Perse, malgré le profond caractère d'abstraction qu'il a conquis et qu'il reflète dans son nom, Ahura Mazda « le Seigneur omniscient », se laisse lui-même reconnaître pour un Dieu du ciel. Les formules anciennes des litanies savent encore qu'il est lumineux et corporel : elles invoquent le créateur Ahura Mazda, brillant, éclatant, très grand, très beau, très beau de corps, blanc, lumineux, au loin visible ; elles invoquent le corps entier d'Ahura Mazda, « le corps d'Ahura qui est le plus beau des corps » ; elles savent qu'il a le soleil pour ciel, et le ciel est le vêtement brodé d'étoiles qu'il revêt. Enfin le plus abstrait des dieux Aryens a conservé un trait qui l'enfonce plus profondément que tous les autres dans la matière d'où ils sont tous sortis : il est appelé « le plus solide des dieux », parce qu'il a « pour vêtement la pierre très solide des cieux. » Comme Varu*na*, comme Zeus, il est père du dieu de l'éclair, *Atar*. Enfin les témoignages historiques les plus anciens confirment les inductions de la mythologie : à l'époque où les Achéménides proclamaient la souveraineté d'Auramazda, Hérodote écrivait : « Les Perses offrent des sacrifices à Zeus[53] en montant sur la cime la plus élevée des montagnes, *appelant Zeus le cercle entier du ciel.* »

Ainsi les dieux suprêmes des quatre grandes religions de Grèce, d'Italie, d'Inde et de Perse sont en même temps ou ont commencé par être des dieux du ciel. Près de ces quatre dieux, doit sans doute prendre également place celui des anciens Slaves, avant le Christianisme, Svarogu. Comme Zeus, comme Jupiter, comme Varu*na*, comme Ahura Mazda, il est le maître de l'Univers ; les dieux sont issus de lui et ont reçu de lui leurs fonctions. Comme eux, il est dieu du ciel, — c'est probablement le sens même de son nom (sanscrit *Svarga*), — comme eux, il est maître de la foudre, et, comme eux, il a eu pour fils le Feu, Ogon (Agni), appelé « Svarojitchi, le fils de Svarogii[54] ».

CHAPITRE III

ORIGINES

Comment le dieu du ciel est-il devenu le dieu organisateur, le dieu suprême, le dieu moral ? Comment la conception abstraite s'est-elle entée sur la conception naturaliste ? Quel rapport entre l'attribut matériel et la fonction ? De ce problème les Védas donnent la solution.

Si loin que le regard aille, il touche au ciel : tout ce qui est, est dans cette voûte immense ; tout ce qui naît et meurt, naît et meurt dans ses bornes. Or, tout ce qui se passe en lui se passe suivant une loi qui jamais ne se dément : jamais l'Aurore n'a manqué au rendez-vous du matin, oublié la place où elle doit reparaître, l'instant où elle doit ranimer le monde. Nuit et Lumière savent leur heure, et, toujours, au moment voulu, la Noire a laissé place à la Blanche ; par un lien éternel enchaînées, dans le chemin infini qui s'ouvre, elles vont, instruites par un dieu, les deux immortelles, rongeant l'une l'autre leurs couleurs : elles ne se heurtent pas, ne s'arrêtent pas, les deux sœurs fécondes, diverses de forme, semblables d'âme. Ainsi vont les jours avec leurs soleils, les nuits avec leurs étoiles, saisons après saisons ; toujours le ciel, d'une marche régulière, a amené tour à tour le jour et la nuit, toujours la lune s'est allumée à l'heure, toujours les étoiles ont su où aller durant le jour, toujours les rivières ont coulé dans l'unique Océan sans le remplir. Cet ordre universel, c'est le mouvement du ciel ou c'est l'action du Dieu du ciel, suivant que la pensée s'arrête au corps ou à l'âme, au ciel-chose ou au ciel-dieu. Aussi, pour le Rig Veda, dire « tout est dans Varuna », c'est-à-dire

« dans le ciel » ou dire « tout est par Varuna », « c'est-à-dire par le Dieu-ciel » sont choses identiques, et dans ses formules, si claires dans leur incertitude, le théisme coudoie sans cesse le panthéisme inconscient dont il n'est qu'une expression. « Les trois cieux reposent en Varuna et les trois terres » dit un poète, et, aussitôt après, rendant la personnalité à son dieu : « C'est l'habile roi Varuna qui a fait briller au ciel ce disque d'or. » — « Le vent qui bruit dans l'atmosphère est son souffle et tout ce qui est d'un monde à l'autre est sa création. » — « Cette terre ici-bas est du roi Varuna et ce ciel là-bas, ces deux mondes aux bornes lointaines : les deux mers sont le ventre de Varuna et jusque dans cette petite mare d'eau il repose. »

Ce théisme panthéistique, qui distingue mal le Dieu du ciel de l'univers qu'il régit ou qu'il renferme, pénètre Jupiter aussi bien que Varuna. Les poètes latins offrent l'équivalent des formules vacillantes du Védisme. « Les mortels, — dit Lucrèce expliquant l'origine de l'idée de Dieu, — les mortels voyaient rouler dans un ordre fixe les mouvements réglés du ciel et les saisons diverses de l'année, et ne pouvaient découvrir par quelles causes cela se faisait. Ils n'avaient donc d'autre refuge que de tout livrer aux mains des dieux et de faire tout marcher au gré de leur volonté. Et c'est dans le ciel qu'ils placèrent le siège et le domaine des dieux parce que c'est dans le ciel qu'on voit rouler la nuit et la lune, la lune, le jour, et la nuit et les astres tristes de la nuit, et les flambeaux nocturnes errant dans le ciel, et les flammes volantes, les nuées, le soleil, les pluies, la neige, « les vents, les foudres, la grêle et les frémissements rapides et les grands murmures menaçants[55]. » Cette vue du ciel, siège universel des mouvements de la nature, pouvait aussi bien mener au panthéisme qu'au théisme. Le vers du poète :

> Juppiter est quodcunque vides, quocunque moveris
> « Jupiter est tout ce que tu vois, partout où tu te meus. »

n'exprime point seulement le Jupiter des métaphysiciens du Portique ; il exprime aussi une des faces du Jupiter de la mythologie primitive. Ce n'est point par une déviation de sa valeur première que Zeus se confond avec Pan : il l'était de naissance, et si l'épopée et le drame ne nous montrent en lui que le dieu personnel, c'est que l'un et l'autre, par leur nature même, ne pouvaient, ne devaient voir de lui que cet aspect et n'avaient rien à tirer du Zeus impersonnel, quoique aussi ancien. Quand Aristote appelle Ouranos « ciel » le cercle entier du monde visible, il n'est pas infidèle aux traditions premières de la religion, et pas plus ne l'est le théologien orphique chantant le Zeus universel :

> Zeus a été le premier, Zeus est le dernier, Zeus le maître de la foudre ;
> Zeus est la tête, Zeus est le centre, c'est de Zeus que toutes choses sont faites :

Zeus est le mâle, Zeus est la femelle immortelle,
Zeus est la base et de la terre et du ciel étoilé ;
Zeus est le souffle des vents, Zeus est le jet de la flamme indomptable,
Zeus est la racine de la mer, Zeus est le soleil et la lune…
Tout cet univers s'étend dans le grand corps de Zeus…[56]

De même la Perse, quoiqu'elle ait en général conservé fidèlement la personnalité de son dieu suprême, le laisse, surtout dans les sectes, se confondre avec l'infini matériel qui en fut la première révélation. Après avoir invoqué dans le ciel « le corps d'Ahura Mazda, le plus beau des corps », elle mit au-dessus d'Ahura lui-même et avant lui l'espace lumineux où il se manifeste, ce que les théologiens appelèrent « la Lumière infinie » et, par une abstraction nouvelle et plus haute, elle mit au début du monde *l'Espace*[57]. Entre ce principe tout métaphysique et le principe naturaliste de la religion primitive, il n'y a que la distance de deux abstractions : l'Espace n'est que la forme nue de l'Infini lumineux, et l'Infini lumineux s'est détaché du ciel infini et lumineux, identique à Ahura.

Selon donc que la pensée voyait dans le ciel le lieu des choses ou la cause des choses, le dieu du ciel devenait la matière du monde ou le démiurge du monde. Dès la période de l'unité aryenne, il était déjà sans doute tour à tour l'un et l'autre ; mais il est probable que la conception théiste était plus nettement dessinée que l'autre, car elle l'est également dans les mythologies dérivées : elle avait d'ailleurs des racines plus profondes et plus intimes au cœur de la nature humaine qui, dans tout mouvement, tout phénomène, voit une cause vivante, une personne.

Ce dieu du ciel, ayant organisé le monde, était toute sagesse. C'est un habile artisan qui a réglé le mouvement du monde. Sa sagesse est infinie, car tous ces mystères que l'homme sonde en vain, il en a la clef, il en est l'auteur. Mais ce n'est point seulement comme auteur du monde qu'il est omniscient : il sait tout, non-seulement parce qu'il a tout fait, mais aussi parce qu'il *voit* tout, étant lumière. Dans la psychologie naturaliste des Aryens, voir et savoir, lumière et science, œil et pensée, sont termes synonymes. Chez les Indiens, Varu*na* est omniscient parce qu'en lui est la lumière infinie, parce qu'il a le soleil pour œil, parce que, du haut de son palais aux rouges colonnes d'airain, ses blancs regards dominent les mondes, parce que sous le manteau d'or qui l'abrite, dieu aux mille regards, des milliers d'espions, rayons du soleil pendant le jour, étoiles pendant la nuit, fouillent pour lui, actifs et infatigables, tout ce qui est d'un monde à l'autre, de leurs yeux qui jamais ne dorment, jamais ne clignent. Et de même, si Zeus est celui qui voit toutes choses, le πανόπτης, c'est qu'il a pour œil le soleil, ce témoin universel, l'infaillible espion et des dieux et des hommes (θεῶν σκοπὸν ἠδὲ καὶ ἀνδρῶν)[58].

La lumière sait la vérité, est toute vérité : la vérité est la grande vertu que le dieu du ciel réclame et le mensonge le grand crime qu'il punit. Dans Homère, le héros, prêtant serment, porte ses yeux sur le large ciel et prend à témoin Zeus et le soleil[59] ; en Perse, le dieu du ciel « ressemble de corps à la lumière et d'âme à la vérité. » La morale aryenne descend du ciel dans un rayon de lumière[60].

CHAPITRE IV.

CONCLUSION

Ainsi la religion indo-européenne connaissait un dieu suprême, et ce dieu était le dieu-ciel. Il a organisé le monde et le régit, parce qu'étant le ciel, tout est en lui, se passe en lui, suivant sa loi ; il est omniscient et moral, parce qu'étant lumineux, il voit tout, choses et cœurs.

Ce dieu était désigné par les différents noms du ciel, *Dyaus*, *Varana*, *Svar*, qui, suivant le besoin de la pensée, désignaient soit la chose, soit la personne, le ciel ou le dieu. Plus tard, chaque langue fit un choix et fixa à l'un de ces mots le nom propre du dieu qui perdit ou obscurcit son ancienne valeur de nom commun : ainsi en grec *dyaus* devint le nom du ciel-dieu (Ζεὺς), et Varana (Οὐρανός) fut le nom du ciel-chose ; en sanscrit le ciel matériel fut *dyaus* ou *svar*, le ciel-dieu fut Varana (plus tard altéré en Varuna) ; le slave fixa au mot *Svar*, par l'intermédiaire d'un dérivé

Svarogu, l'idée du dieu céleste ; le latin s'arrêta au même choix que le grec, avec son *Jus-piter*, et laissa tomber les autres noms du ciel ; la Perse enfin désigna le dieu par une de ses épithètes abstraites, *le Seigneur, Ahura*, et effaça les traces extérieures de l'ancien naturalisme de son dieu.

Ce dieu qui régnait au moment où la religion de l'unité aryenne se brisa, les diverses religions qui naquirent d'elle l'emportèrent avec elles dans les diverses régions où les porta le hasard des migrations aryennes. Des cinq religions qu'il domine, trois lui restèrent fidèles jusqu'au bout et ne l'abandonnèrent qu'au moment où elles périssaient elles-mêmes : ce sont celles des Grecs, des Latins et des Slaves chez qui Zeus, Juppiter et Svarogu ont perpétué, tant qu'a subsisté la religion nationale, les titres et les attributs du dieu suprême des Aryens. Ils succombèrent devant le Christ : le Ciel-Père disparut devant « le Père qui est au ciel ».

L'Inde, au contraire, oublia très vite ce dieu dont elle fait pourtant, mieux que toute autre, comprendre l'origine et la formation : et ce n'est pas un dieu étranger qui le détrôna, un dieu venu du dehors, mais un dieu indigène, un dieu de sa famille, Indra, le héros de l'orage.

En effet le dieu suprême des Aryens n'était pas le dieu *un*[61] : l'Asura, le Seigneur, n'était pas le Seigneur à la façon d'Adonaï. Il y avait à côté de lui, en lui, nombre de dieux, ayant leur action propre et souvent leur origine indépendante. Les vents, la pluie, le tonnerre ; le feu sous ses trois formes : — soleil au ciel, éclair dans la nuée, feu terrestre sur l'autel ; la prière sous ses deux formes : — prière humaine montant de l'autel au ciel, prière céleste retentissant dans le fracas de l'orage, dans la bouche d'un prêtre divin et descendant des hauteurs dans les torrents de libation versés de la coupe du ciel ; toutes les forces de la nature, concrète ou abstraite, frappant à la fois l'œil et l'imagination de l'homme, s'élevaient du même coup à la divinité, Si le dieu du ciel, plus grand dans le temps et dans l'espace, toujours présent et partout présent, s'élevait sans effort au rang suprême, porté par son double infini, d'autres, d'une action moins continue, mais plus dramatique, se révélant par des coups de théâtre subits, maintenaient leur antique indépendance, et le développement religieux pouvait amener leur usurpation sur le roi du ciel. Déjà en pleine période védique, Indra, le dieu bruyant de l'orage, monte au plus haut du Panthéon et éclipse son majestueux rival de sa splendeur retentissante.

Il est le héros favori des Rishis védiques ; ils ne se lassent point de conter comment il a foudroyé le serpent du nuage qui enveloppait dans ses replis la lumière et les eaux, comment il a brisé la caverne de Çambara, délivré les Aurores et les Vaches prisonnières qui vont répandre sur la terre à torrents leurs larges flots de lumière et de lait. C'est lui qui fait reparaître le soleil, reparaître le monde annihilé dans la nuit, c'est lui qui le recrée, qui le crée[62]. Dans toute une série d'hymnes il monte aux côtés de Varuna et partage avec lui l'empire : enfin il monte au-dessus de lui et devient le roi universel :

« Celui qui, une fois né, aussitôt, dieu de pensée, a dépassé les dieux par la force de son intelligence, au frémissement duquel ont tremblé les deux mondes, à la puissance de sa virilité, — ô hommes, c'est Indra !

« Celui qui a fixé la terre chancelante, arrêté les montagnes branlantes, celui qui a donné ses dimensions à la large atmosphère, celui qui a étayé le ciel, — ô hommes, c'est Indra !

« Celui qui, ayant tué le Serpent, a lâché les sept rivières, celui qui a fait sortir les vaches de la cachette de la caverne, celui qui au choc des deux pierres a engendré Agni, — ô hommes, c'est Indra !

« Celui par qui ont été faites toutes ces grandes choses ; celui qui a abattu, forcé à se cacher la race démoniaque ; qui, comme un joueur heureux, gagnant au jeu, enlève ses biens à l'impie, — ô hommes, c'est Indra !

« Quand on dit de lui : où est-il ? de l'impie qui répond : « il n'est pas » il enlève les biens comme le fait le dé vainqueur ; croyez en lui, — ô hommes, c'est Indra !

« Celui qui anime et le riche et le maigre, et le prêtre son chantre qui l'implore, le dieu aux belles œuvres, dieu protecteur à qui joint les pierres pour presser le Soma, — ô hommes, c'est Indra !

« Celui qui a dans sa main les troupeaux de chevaux et de vaches, qui les villes, qui les chars guerriers, celui qui a créé le soleil et l'aurore, celui qui conduit les eaux, — ô hommes, c'est Indra !

« Celui qu'invoquent les deux armées qui se choquent, ennemis des deux parts, triomphant, succombant, que sur le même char où ils se rencontrent dans l'assaut ils invoquent l'un contre l'autre, — ô hommes, c'est Indra.

« Celui qui a découvert Çambara dans les montagnes où il s'était caché quarante années, celui qui a tué le serpent dans tout le déploiement de sa force, qui l'a fait tomber mort sur Dânu[63], — ô hommes, c'est Indra !

« Celui qui, puissant taureau, armé de sept rayons, a lâché, fait courir les sept rivières, qui foudre en main a foulé aux pieds le Rohina escaladant le ciel, — ô hommes, c'est Indra !

« La terre et le ciel devant lui s'inclinent, à son frémissement les montagnes tremblent ; le buveur de Soma, voyez-le, la foudre au bras, la foudre en main, — ô hommes, c'est Indra[64]. »

Mais l'usurpateur ne jouit pas longtemps de son triomphe : en pleine victoire, il est déjà mordu au cœur, frappé de mort par une nouvelle et mystique puissance qui croît à ses côtés, celle de la prière, du sacrifice, du culte, celle du *Brahman*, dont le règne commence à poindre à la fin de la période védique et aujourd'hui dure encore[65].

Ce qu'Indra a fait dans l'Inde dans une période historique, Perkun et Odin l'ont fait dans une période préhistorique, l'un chez les Lituaniens, l'autre chez les Germains. Perkun et Odin sont l'Indra de ces deux peuples et ont détrôné chez eux le dieu du ciel. Perkun était le dieu du tonnerre chez les Lituaniens païens et l'on reconnaît en lui un frère du *Parjanya* indien, une des formes du dieu d'orage dans la mythologie védique. Ce roi du Panthéon lituanien est un roi de fraîche date : ce qui le prouve, c'est que les Slaves, si étroitement apparentés aux Lituaniens de croyance comme de langue, et qui connaissent aussi le dieu Perkun, ont encore pour dieu suprême le dieu suprême de la vieille religion aryenne, le dieu du ciel, Svarogu.

Même révolution en Germanie, mais dans un passé plus reculé. Le dieu du ciel s'est éclipsé sans laisser de trace : il est remplacé par le dieu de l'atmosphère orageuse, Odin ou Wuotan, le Vâta de l'Inde, le dieu guerrier que l'on entend dans les fracas de la tempête conduire ses bandes échevelées de combattants ou mener à une curée céleste les meutes hurlantes de la chasse sauvage.

Ainsi Grecs, Romains, Slaves laissaient vaincre leur dieu par un dieu étranger ; Germains, Lituaniens, Indous l'abandonnaient d'eux-mêmes pour une création inférieure. Chez un seul peuple il trouva des adorateurs fidèles jusqu'au bout, peu nombreux, mais qui n'ont point laissé entamer leur foi ni par le temps, ni par les hommes. Je veux parler des quelques milliers de Guèbres ou Parsis, qui, dans le grand naufrage politique et religieux de la Perse, fuyant devant le glaive victorieux du prophète, dérobèrent à l'Islam le trésor des vieilles croyances et qui, aujourd'hui encore, en l'an du Christ 1880, dans les temples du feu de Bombay, offrent leurs sacrifices au dieu même que, dans des temps qui échappent à l'histoire, chantaient les ancêtres inconnus de la race Aryenne.

1879.

1. ↑ Cette étude a paru d'abord en traduction anglaise dans la *Contemporary Review*, numéro d'octobre 1879 ; l'original a paru dans la *Revue des Religions*, 1880, p. 305.
2. ↑ *Hymne à Zeus* de Cléanthe.
3. ↑ *Suppliantes*, 522.
4. ↑ *Prométhée*, 50.
5. ↑ *Suppliantes*, 592.
6. ↑ *Choéphores*, 379.
7. ↑ *Choéphores*, 950.
8. ↑ Ζεῦ πάντων ἀρχά, πάντων ἀγήτωρ. Ap. Clem. Alex. *Strom.*, VI.
9. ↑ Frag., XVII, ap. Gaisford.
10. ↑ *Travaux et jours*, 265.
11. ↑ *Iliade*, XV, 167.
12. ↑ *Iliade*, VIII, 13.
13. ↑ Hymne, XXII.
14. ↑ Pour plus de détails, cf. notre ouvrage sur *Ormazd et Ahriman*, §§ 43-53.
15. ↑ Le ciel et la terre.
16. ↑ Rig Veda, VII, 86, 1.
17. ↑ RV., VI, 70, 1.
18. ↑ *Asura*, le Seigneur.
19. ↑ RV., 8, 42, 1.
20. ↑ La nuée, souvent comparée à un arbre qui se ramifie dans le ciel.
21. ↑ R V., I, 24, 7, 8, 10.
22. ↑ R V., VII, 87, 1.
23. ↑ Le feu (*Ignis*), qui naît dans les eaux du ciel sous la forme de l'éclair.
24. ↑ Plante sacrée dont la sève est offerte aux dieux : on la presse entre deux pierres pour en extraire le liquide sacré.
25. ↑ R V., V, 85, 2.
26. ↑ RV., VII, 87, 2.
27. ↑ *Ritasya gopâ, nêtar*.
28. ↑ Satyadharman, dh*rit*avrata.
29. ↑ R V., II, 28, 8.

30. ↑ R V., II, 27, 10 ; Atharva, V, 1, 10. 1.

31. ↑ Agni avec son regard connaît toutes choses comme Varuna, R V. X, 11, 1.

32. ↑ RV., I, 25, 7.

33. ↑ Rig Veda, VII, 86, 3 ; 2, 28, 5.

34. ↑ La mer terrestre et celle des nuées.

35. ↑ Atharva Veda, IV, 16.

36. ↑ Cf. *Ormazd et Ahriman*, § 18 sq.

37. ↑ Ormazd est le nom moderne, contracté du nom ancien Ahura Mazda, etc.

38. ↑ Bundehesh, XXX.

39. ↑ Spiegel, *Inscriptions cunéiformes*, p. 60 ; cf. p. 44.

40. ↑ Behistûn, I, 55, 94, etc.

41. ↑ Yasna, 43, 2 seq.

42. ↑ *Iliade*, XV, 192.

43. ↑ Ibid. XIII, 795, 137 ; XII, 253 ; XVI, 361.

44. ↑ PINDARE, *Olymp.* IV. I.

45. ↑ Voir l'*Essai* suivant, § 28, notes.

46. ↑ Preller, *Mythologie grecque*, 3e éd. I, 154, note 5.

47. ↑ ὗσον ὗσον ὦ φίλε Ζεῦ κατὰ τῆς ἀρούρας τῆς Ἀθηναίων καὶ τῶν πεδίων (Marc-Aurèle, 5, 6).

48. ↑ *De Natura deorum*, II, 25. OVIDE *Fastes* 2. 299.

49. ↑ Rig Veda, X, 123, 6. Le soleil est également l'oiseau de Zeus :

Danaos

καὶ Ζηνὸς ὄρνιν τόνδε νῦν κικλήσκετε.

Le Chœur :

καλοῦμεν αὐγὰς ἡλίου σωτηρίους...
(*Suppliantes*, 212).

50. ↑ RV. VII, 87, 6 ; X, 123. 7.

51. ↑ RV. V, 85, 3, 4.

52. ↑ RV. II, 28, 8. Cf. les *nictantia fulgura flammæ* de Lucrèce, VI, 181. — Le Varuna brahmanique y gagne d'avoir les yeux rouges.

53. ↑ C'est-à-dire « leur dieu suprême ».

54. ↑ G. KLEK. *Einleitung in die slavische Literatur-geschichte.* W. RALSTON, *The Songs of the Russian People*, 2e éd. p. 85.

55. ↑

Prœterea, cœli rationes ordine certo
Et varia annorum cernebant tempora vorti,

Nec poterant quibus id fieret cognoscere causis.
Ergo perfugium sibi habebant omnia Diveis
Tradere, et ollorum nutu facere omnia flecti.
In cœloque Deum sedes et templa locarunt,
Per cœlum volvi quia nox et luna videtur,
Luna, dies, et nox, et noctis signa severa,
Noctivagæque faces coeli, flammæque volantes,
Nubila, sol, imbres, nix, ventei, fulmina, grando,
Et rapidei fremitus, et murmura magna minarum.

LIVRE V, 1187.

56. ↑ πάντα γὰρ Ζηνὸς μεγάλῳ τάδε σώματι κεῖται...
57. ↑ Dans d'autres systèmes, partant de l'éternité du Dieu et non plus de son immensité, elle aboutit au *Temps sans bornes* comme premier principe.
58. ↑ Cf. *Iliade*, III, 278 ; *Odyssée*, XI, 108 ; PINDARE, *fragm.* 84 ; OVIDE, *Metam.*, IV, 172, etc.
59. ↑ *Iliade*, XIII, 196, 261.
60. ↑ *Ormazd et Ahriman*, § 67.
61. ↑ J'accentuerai très volontiers cette réserve en reproduisant les observations si justes de M. Barth, à propos de cette étude même, *Revue des Religions*, I, 118 : « Cette hiérarchie, ce monothéisme relatif n'était pas aussi net dans la conscience des hommes... Dans la pratique surtout, comme on le voit par les chanta du Veda, il paraît avoir été fort voilé. Ces vieux adorateurs n'avaient pas le regard constamment fixé sur leurs Olympiens. À côté de cette religion céleste, il y en avait notamment une autre, toute d'actes et de rites, une sorte de religion de l'*opus operatum*, qui n'avait pas toutes ses racines dans la première, qui probablement ne lui a jamais été subordonnée. »
62. ↑ Voir l'*Essai* suivant, §§ 2-5.
63. ↑ Sa mère.
64. ↑ RV. II. 12
65. ↑ Voir l'*Essai* suivant, § 38.

VII

COUP D'ŒIL

SUR L'HISTOIRE DU PEUPLE JUIF[1]

———

I

Le moment est encore loin où l'on pourra tenter une histoire d'ensemble du peuple juif, suivi dans toute la durée de son développement, c'est-à-dire depuis ses origines jusqu'à nos jours, et dans toute l'étendue de ce développement, c'est-à-dire dans sa religion, sa philosophie, sa langue, sa littérature, et dans l'aventure de ses destinées matérielles.

Dans ce renouvellement de la science historique qui sera une des gloires sûres de notre siècle, l'histoire du peuple juif occupera de jour en jour une place plus large, à mesure que les découvertes partielles, en se coordonnant, laisseront mieux paraître dans ses grandes lignes le développement de l'humanité aryo-sémitique. Ce qui, en effet, au regard de l'historien, fait l'intérêt propre de la nation juive, c'est que, seule entre toutes, il la retrouve à toutes les heures de l'histoire, et qu'en suivant le cours de ses destinées, il se voit transporté tour à tour au milieu de presque toutes les grandes civilisations et de presque toutes les grandes idées religieuses qui ont marqué jusqu'ici dans le monde civilisé, dès l'aube de l'histoire. Il voit tour à tour défiler sur le chemin d'Israel les tribus nomades et polythéistes des Sémites primitifs, l'Égypte et son sacerdoce, la Syrie et ses dieux, Ninive et Babylone, Cyrus et les Mages, la Grèce et Alexandre, Alexandrie et ses écoles, Rome et ses légions, Jésus et l'Évangile. Puis, quand l'unité nationale se brise et que la dispersion jette les Juifs aux quatre vents du monde, l'historien qui les suit en Arabie, en Égypte, en Afrique et dans tous les pays de l'Europe occidentale, voit encore passer sous ses yeux Mahomet et l'Islam, l'Aristote des Scolastiques et leur philosophie, toute la science du moyen âge et tout son commerce, les Humanistes et la Renaissance, la Réforme et la Révolution. L'histoire du peuple juif comprend donc et suppose celle de tout le monde méditerranéen, de son premier jour au dernier, et il ne s'agit là que rarement et par accidents de l'histoire politique et matérielle, mais des idées, des religions, des faits sociaux, bref, des forces vives de l'humanité. L'histoire de tous les autres peuples, même de ceux qui ont exercé l'action la plus longue et la plus lointaine, ne s'étend qu'à une époque et à un lieu : chacun d'eux paraît et disparaît ; sa destinée n'a eu qu'un temps et il n'a assisté qu'à sa seule histoire ; le peuple juif a duré, et il a assisté à la destinée de toutes les grandes choses qui ont eu leur heure : c'est un témoin perpétuel et universel, et non pas un témoin inactif et muet, mais intimement mêlé comme acteur à presque tous ces drames par l'action et par la souffrance. À deux moments, il a renouvelé le monde : le monde européen par Jésus, le monde oriental par l'Islam, sans parler des actions plus lentes et plus cachées, mais non moins puissantes peut-être ni moins durables, qu'il a exercées au moyen âge sur la formation de la pensée moderne.

Cette grande histoire ne pouvait se tenter ni s'entrevoir avant ce siècle. Il fallait pour cela deux conditions qui ne commencent guère à se réaliser que de nos jours, l'une d'ordre moral, l'autre matériel. D'une part, comme cette histoire est avant tout religieuse, et, par suite, dans l'état présent des esprits, est un perpétuel appel à la plus irritable de toutes les passions, il fallait que la liberté de penser fût entrée, non seulement dans la loi, non seulement dans les mœurs, mais, chose plus difficile, dans l'intelligence même du savant ; il fallait que la recherche cessât d'être corrompue par l'esprit de secte ou de philosophisme, que l'histoire de la religion cessât d'être un champ de bataille. Certes, ceux qui s'occupent de ces études ne sont pas encore tous arrivés à ce degré d'impartialité sereine où le savant étudie les choses pour comprendre ce qu'elles ont été, et porte assez haut l'orgueil de la pensée pour ne pas se laisser dicter d'avance ses conclusions par les préoccupations passagères du politique, du croyant ou du métaphysicien. Mais quelques-uns se sont élevés jusque-là, et cela suffit pour que la science soit.

D'autre part, il fallait qu'une succession de découvertes inouïes et inattendues vînt combler les profondes lacunes de l'histoire juive et éclairer ses obscurités sans nombre. Des trois grandes périodes de cette histoire, — l'une allant des origines au retour de l'exil, la seconde du retour de l'exil à la dispersion, la dernière de la dispersion à la Révolution française, — chacune n'était représentée que par des documents incomplets ou inaccessibles. Pour la première, on n'avait qu'un livre, la Bible, œuvre des âges, faite de fragments, de feuillets détachés, où souvent une ligne, un mot est tout le débris d'un siècle. Pour la seconde, rien que ce chaos talmudique, que les Juifs seuls pouvaient sonder, mais où ils ne songeaient à chercher que des sujets d'édification ou de casuistique, et non des enseignements d'histoire. Pour la troisième enfin, l'immense amas des œuvres du moyen âge, en grande partie oubliées des Juifs mêmes et ensevelies dans la poussière des bibliothèques. La face des choses a changé, par un double mouvement, l'un du dedans, l'autre du dehors : du dedans, par l'emploi de la méthode historique appliquée par les savants juifs à l'étude directe des sources juives ; du dehors, par la découverte ou par l'emploi de sources non juives qui sont venues éclairer et compléter les premières.

C'est ainsi que toute une série de sciences nouvelles, nées d'hier, assyriologie, égyptologie, épigraphie phénicienne, viennent se mettre au service de l'interprétation biblique qui les paie de retour[2]. Babylone et Ninive sortent de terre avec leurs grandes pages d'histoire gravées par les Salmanazar, les Sennachérib, les Nabuchodnozor, et viennent déposer leur témoignage en face du Livre des Rois et des Prophètes[3]. L'Égypte soulève le voile de ses hiéroglyphes et une nouvelle colonne de feu vient éclairer l'exode des Hébreux[4]. Le sol punique nous envoie un commentaire du Lévitique, contresigné des Suffètes de Carthage[5]. Le Panthéon phénicien et syrien se relève sur des fragments de pierres gravées et nous rend toutes ces Astartés et tous ces Baals qui luttèrent contre l'Élohim[6] ; le sol épuisé de la Judée nous livre un hymne de triomphe de Moab, écrit aux jours d'Élisée, et que le prophète a pu lire de ses yeux[7] ; c'est le cri même des combattants bibliques qui remonte jusqu'à nous du fond de vingt-sept siècles, le bruit même des « Guerres de l'Éternel. »

Arrivé à la seconde période, quand l'on s'est mis à débrouiller le chaos de la littérature talmudique[8], Mischna, Gemara, avec leurs innombrables annexes, il s'est trouvé que cette immense compilation, faite sans ordre et sans l'ombre d'une pensée historique, offre à l'histoire une mine inépuisable, et permet de suivre le développement de l'esprit juif, et jusqu'à un certain point de l'esprit oriental, sur une étendue de plus de six siècles, précisément durant l'époque qui a vu naître le christianisme, c'est-à-dire à un des moments décisifs de la civilisation, à un des tournants de l'histoire. À la même époque, tous les travaux que la science, laïque ou théologique, catholique ou protestante, accumulait autour des origines du christianisme, ramenaient la question chrétienne à une question juive, et imposaient cette double conclusion qu'on ne peut comprendre la formation du christianisme sans connaître avant tout le judaïsme du premier siècle, ni connaître le judaïsme dans toute son étendue sans cette branche qui s'appelle le christianisme primitif[9]. Tout ce que la science a gagné dans l'histoire des origines du christianisme s'est trouvé autant de gagné pour celle du judaïsme, et ainsi à côté de la littérature talmudique est venue se ranger cette vaste littérature apocryphe, journellement enrichie de nouvelles découvertes, et dont le caractère est si flottant que souvent l'on se demande si l'on a affaire à l'œuvre d'un juif ou d'un chrétien[10].

Dans la troisième période, celle de la dispersion, la recherche se subdivise à l'infini avec la destinée du peuple juif. Dans chaque branche de cette histoire, le même fait se représente de l'agrandissement de la recherche par la rencontre inattendue de deux mondes. Ici tout était à créer. D'une part, il fallait retrouver et étudier toutes les œuvres si diverses écloses sur tous les points de l'horizon juif durant tout le moyen âge[11]. D'autre part, il fallait que l'étude particulière des divers peuples musulmans ou chrétiens, chez qui le hasard avait jeté les Juifs, fût faite ou commencée : d'un côté et de l'autre, l'œuvre commence à peine. Or, ici encore, les deux mondes se rejoignent de jour en jour, et à mesure que l'on en pénètre l'histoire intime, on reconnaît de plus en plus l'impossibilité de les séparer et de les comprendre l'un sans l'autre : ici encore, l'historien du peuple juif est forcé de se faire l'historien des Arabes ou de l'Europe, et l'historien des Arabes ou de l'Europe rencontre à presque tous les grands changements de la pensée une action juive, soit éclatante et visible, soit sourde et latente.

Ainsi l'histoire juive longe l'histoire universelle sur toute son étendue, et la pénètre par mille trames. Elle ouvre par là à la recherche un champ d'une variété infinie et d'une unité parfaite, et elle offre à la psychologie historique un intérêt que nulle autre histoire n'offre au même degré : car elle présente la série la plus longue d'expériences qui ait encore été enregistrée, exercées dans les milieux les plus différents, sur une seule et même force humaine, connue et constante. Disons rapidement quelques-uns des problèmes les plus importants que cette histoire soulève.

II

À l'origine, une tribu nomade, de race sémitique ; — après de longues migrations à travers les plaines de la Mésopotamie, de la Syrie et de l'Égypte, cette tribu établit sa demeure au milieu des peuples de Canaan, dans le voisinage des Phéniciens. L'histoire matérielle des Hébreux durant cette période est obscure ; leur histoire religieuse plus encore ; car le mouvement de leurs migrations peut se suivre dans les légendes qu'ils en ont gardées, tandis qu'il n'est point resté de trace distincte de l'itinéraire de leur pensée. La seule chose certaine et reconnue, c'est qu'ils sont primitivement idolâtres et polythéistes ; ils le sont comme tous les peuples de la race dont ils sortent, sans qu'il soit possible cependant de déterminer les traits propres de leur mythologie, et en quoi elle se rapproche et diffère, aux diverses époques de cette première période, de la mythologie de leurs frères sémites. Quels étaient leurs croyances et leur culte avant de passer en Égypte ? Qu'en ont-ils laissé en Égypte et qu'y ont-ils pris ? Qu'ont-ils enfin emprunté en Canaan aux dieux des peuples voisins avec lesquels ils se sont trouvés en rapports d'amitié ou de haine ? Toutes questions auxquelles la Bible ne répondra clairement, si jamais, que quand l'Égypte aura dit son dernier mot, quand l'histoire comparée des religions sémitiques sera définitivement constituée sur des données chronologiques, et que des générations d'épigraphistes auront fait parler tout ce peuple de témoins enfouis encore à l'heure présente à Carthage, à Ninive, à Hamath, à Saba, et sur toute l'étendue de la vieille terre sémitique.

Une fois établis en Palestine et constitués en nation, une révolution se fait lentement à l'intérieur de l'idolâtrie primitive, transformation religieuse parallèle à la transformation politique. Les Hébreux, à mesure qu'ils s'organisent en nation, s'assurent un dieu national, font contrat avec lui, l'opposent aux dieux nationaux des peuples voisins. Ce dieu national, cet Élohim, ne diffère pas encore essentiellement de ses voisins, ni par les attributs qu'on lui prête, ni par le culte qu'on lui rend : il n'est pas encore la négation des autres dieux, ce n'est pas encore le dieu du monde, c'est le dieu d'Israel. Quand a commencé cette révolution ? Est-ce dès l'instant où Israel a pris conscience de son existence personnelle, c'est-à-dire dès la sortie d'Égypte, ou bien quand il a constitué son existence nationale, c'est-à-dire avec la royauté ? Et le nom de Moïse, que les souvenirs historiques d'Israel attachent à la sortie d'Égypte et à la première organisation de la nation, doit-il se lier aussi au premier mouvement de la transformation religieuse, ou si ce n'est que plus tard que l'instinct profond de la légende, l'évolution religieuse une fois achevée, l'a rattaché en arrière à la première heure de cette évolution politique, qui avait donné le premier branle à la pensée d'Israel ? Quoi qu'il en soit, cette évolution religieuse fut lente et dura des siècles : toute l'histoire de la royauté n'est qu'une lutte continue, souvent sanglante, entre le dieu national et les dieux étrangers, qui ne sont longtemps[12] que les prête-noms du parti national et du parti étranger. Cette lutte, à laquelle se rattachent les grands noms de l'ancien prophétisme[13], se termine par la victoire du dieu hébreu, vers la chute de la royauté : le dieu national triomphe au moment où la nation qu'il devait faire périt.

Mais au même instant et du même coup, aux approches de la catastrophe, ce dieu lui-même subit une altération profonde. Ce n'est plus un dieu national à la façon des autres, conçu et adoré comme pourrait l'être Camosch ou Milcom : si ce n'est qu'un dieu national, un Camosch d'Israel, un Milcom de Juda, Israel a été trahi, et le roi de Babel, en poussant ses chars de guerre contre Jérusalem, pourra s'écrier lui aussi, mais sans craindre de retour comme autrefois l'Assyrien : « Ne te laisse pas abuser aux promesses de ton Dieu ! Où sont les rois d'Arpad, de Hamath, de Separvaïm ? Quel est le peuple que son Dieu a jamais sauvé de mes mains ? » Le dieu d'Israel, grandi par la défaite de son peuple, en devient le dieu universel, le dieu unique, le dieu d'Isaïe et des prophètes, le dieu du Décalogue, Jehovah, celui qui est. C'est toujours bien le dieu d'Israel, puisqu'il s'est révélé à Israel seul, qu'Israel seul a su le deviner ; mais c'est le dieu sans second. Ce n'est plus le dieu jaloux du premier mosaïsme et des Élohistes, qui a faim de victimes et d'offrandes et punit les fautes des pères jusqu'à la quatrième génération : c'est le dieu de justice et d'amour, qui veut des cœurs purs et non des mains pleines, qui a horreur des sacrifices et de la grimace du culte[14] et qui ne veut plus qu'on dise : « Les pères ont mangé les raisins aigres et les fils en ont eu les dents agacées[15]. » Et puisque le peuple qui l'a cherché et qui l'a trouvé est opprimé et saignant, c'est sans doute qu'il lui est réservé dans le lointain une éclatante et magnifique réparation : c'est des mains de Juda que les peuples mêmes qui l'ont écrasé viendront donc un jour prendre la vérité, et la félicité et la justice règneront sur le monde entier au nom du Dieu d'Israel. C'est ainsi qu'aux environs de l'exil, à la voix d'Isaïe, de Jérémie, d'Ézéchiel et du chœur des prophètes, commence la mission historique d'Israel : son grand dogme est trouvé et sa grande espérance : car le Dieu Un est fait et le Messianisme va naître.

Pendant l'exil et au retour, cet élément nouveau et universel se fond avec l'élément ancien et national, le Jéhovisme avec l'Élohisme, et la religion d'Israel prend sa forme définitive, le Judaïsme. De l'ancien élément national restent les rites, les cérémonies, les observances spéciales, legs bizarre de la vieille idolâtrie sémitique, qui a pris un sens nouveau avec la transformation religieuse, et qui, devenu d'abord le signe d'alliance de l'Hébreu avec son dieu, devient à la fin le signe de ralliement du Juif avec le Juif, le lien d'unité dans la ruine de la nationalité ; c'est l'élément qui l'isole et le fait durer. L'élément nouveau et universel, l'élément jéhoviste, lui donne les deux idées avec lesquelles il va renouveler le monde. Ainsi se forme une religion, la plus étroite et la plus large de toutes, toute d'isolement par le culte, toute d'expansion par l'idée, et agissant d'autant plus puissamment par l'une qu'elle se maintient plus énergiquement par l'autre, condition excellent pour durer et pour agir, et convertir le monde à ses principes sans se laisser entamer par les concessions opportunistes de la propagande.

De ce jour, le peuple juif a, seul entre tous les peuples qui l'entourent, pour le guider dans le monde, une philosophie de l'histoire : il y a pour lui, dans le drame de l'univers, un plan rationnel, qui se développe suivant une loi et qui se dénouera pour le bien de tous. Ainsi, à travers les dominations successives de Babylone, de la Perse, de la Grèce, de l'Égypte, de Rome, dont le flot passe et se presse sur Israel sans l'engloutir, une nationalité religieuse se constitue, qui survivra à la résurrection éphémère de la nationalité politique sous les Maccabées. Or, en ce temps-là, le monde ancien, las de ses dieux usés et de ses systèmes impuissants, en quête d'une morale plus haute que ses prêtres ne peuvent lui donner, et d'espérances plus larges que ses philosophes n'osent lui offrir, est ouvert à la première parole, d'où qu'elle vienne, de foi et d'espérance, qui pourra remplir le vide douloureux de sa conscience. Les dernières convulsions de la Judée, en travail de son Messie et des temps prédits par les prophètes, vont donner au monde le branle qu'il attend. Parmi les Messies d'un jour, qui passent et disparaissent sans lendemain sur la scène prophétique, il s'en trouva un qui laissa une impression si profonde sur quelques-uns des Juifs qui l'avaient connu de près, que ceux-là, au lieu de continuer à dire comme leurs frères : « Le Messie va venir, » se prirent à dire : « Le Messie est venu, » et quand il fut mort : « Le Messie est venu ; on l'a tué, il va revenir juger les morts et les vivants. » Cette croyance et cette attente eurent peu de prise sur la masse des Juifs, tout au rêve de la patrie terrestre, et qui savaient trop nettement ce qu'ils désiraient et ce qu'ils attendaient pour prendre ainsi le change de l'espérance : mais elles eurent une prise merveilleuse sur les masses étrangères, à qui elles apportaient une bonne nouvelle, que le mal allait finir, qu'un être merveilleux de justice et de douceur allait faire régner la paix et le bonheur, et qui s'entendaient, pour la première fois, prêcher cette morale de Hillel et des Haggadistes, à laquelle n'avaient jamais songé certes les prêtres de Jupiter et que n'étaient point venus leur porter dans leurs bouges les pédants des Écoles ni les orgueilleux du Portique. Avec le temps, à mesure que la réalité forçait les chrétiens de reculer dans les lointains de l'avenir le plus beau de leur espérance, la figure et le rôle de Jésus devaient se transformer et l'abîme se creuser entre lui et Israel. Tandis que les chrétiens-juifs interrogeant la Bible pour justifier leur foi, après avoir expliqué la Bible par Jésus, finissaient par expliquer Jésus par la Bible et le transfiguraient en un type idéal à coups d'interprétations symboliques ; d'autre part, les chrétiens-gentils adaptaient la foi nouvelle aux milieux où ils la propageaient, par des emprunts, de jour en jour plus larges, aux mythologies de Grèce et de Syrie et à la métaphysique de leur temps. De là sortit une religion mixte, compromis entre le passé et l'avenir, et qui conquit le monde, auquel elle fit beaucoup de bien et de mal, beaucoup de bien parce qu'elle relevait le niveau moral de l'humanité, beaucoup de mal parce qu'elle arrêtait sa croissance intellectuelle, en rajeunissant l'esprit mythique et en fixant pour des siècles l'idéal métaphysique de l'Europe aux rêves de la décadence Alexandrine et aux dernières combinaisons de l'hellénisme tombé en enfance.

L'histoire du christianisme appartient à l'histoire juive jusqu'au moment où cet élément mythique et métaphysique triomphe, c'est-à-dire jusqu'au moment de la rupture définitive des deux Églises, jusqu'au jour, en un mot, où le Christianisme cesse d'être une hérésie juive pour devenir une branche nouvelle de la vieille mythologie aryo-sémitique.

L'histoire a donc ici double tâche : étudier le judaïsme dans le peuple juif et en dehors de lui. Chacune de ces tâches se complique à l'infini ; la seconde, difficile souvent à limiter, car la ligne qui sépare le fait exclusivement juif du fait exclusivement chrétien est flottante et variable, et ce sera à la science de la fixer sur chaque point de dogme et de culte ; la première, très nette et précise. Au premier plan, sur la scène, les vicissitudes sans nombre du drame politique, depuis l'exil jusqu'à la ruine de l'indépendance ; la renaissance sous Cyrus et les Achéménides, la première expansion au dehors sous Alexandre, l'établissement à Alexandrie, en Égypte et dans les îles ; les luttes contre les Séleucides, le réveil national sous les Maccabées, les premières alliances et les premières luttes avec Rome, les folies de la guerre civile, Hérode et les Hérodiens, Jérusalem jetant le défi à Rome, et brisant les forces de l'Empire, quatre ans durant, au pied de ses murs, la ruine de la cité sainte, le temple en flammes, et l'agonie dernière à Bittar. Par derrière le drame politique, le drame spirituel ; — les rencontres de l'esprit juif avec l'esprit étranger, de Chaldée, de Perse, de Grèce ; — ses emprunts aux religions des unes, ses incursions dans la philosophie de l'autre ; — la formation à l'intérieur du judaïsme d'une mythologie secondaire, étroitement subordonnée à un monothéisme strict qui domine tout, et dans laquelle se combinent en proportions variables les souvenirs de la vieille mythologie nationale, les emprunts anciens faits avant et pendant l'exil à celles de Syrie et de Babylone, et les emprunts récents faits après l'exil à Babylone et à la Perse ; — l'initiation du Judaïsme à la philosophie grecque et ses réactions sur elle, la naissance de l'hellénisme juif et la Bible conciliée avec Platon ; — la division des sectes et des écoles, la religion aristocratique des Sadducéens, démocratique et progressive des Pharisiens, ascétique et de renoncement des Esséniens ; — le développement traditionnel de la loi fixé, les docteurs reprenant dans les discussions de l'École l'œuvre de salut où ont échoué les pamphlets ardents des faiseurs d'Apocalypses et le poignard des intransigeants, et les descendants des messianistes et des zélotes édifiant enfin autour du Livre sacré, dernier sanctuaire à l'abri des torches romaines, cette triple enceinte inexpugnable, le Talmud. Au sixième siècle de notre ère est achevée cette immense encyclopédie, où sont consignées avec une impartialité absolue toutes les opinions exprimées, dans toutes les branches de la science et de la croyance, six siècles durant, dans les écoles de Palestine et de Babylonie, œuvre sans unité apparente, puisqu'elle reproduit le contraste infini des milliers d'esprits dont elle est la Somme, tour à tour et suivant la voix qui parle, d'une étroitesse étrange et d'une largeur sans égale, terne et éclatante, ouverte à la science et fermée, avec toutes les timidités de la pensée et toutes ses audaces ; mais le tout pénétré d'un souffle de foi et d'espoir qui met une unité dans ce chaos, la foi en un Dieu Un et l'espérance dans la justice à venir. L'observation superficielle n'a vu souvent dans ce livre que le radotage d'une casuistique raffinée, d'une superstition raisonnante et subtile : elle n'a pas aperçu le principe de vie qui était là, et qui a fait que la pensée juive a pu, grâce à lui, traverser, sans s'éteindre, la nuit intellectuelle du moyen âge : à savoir la conscience profonde que le culte n'est point tout le Judaïsme, qu'il n'en est que le signe externe et passager, symbole matériel et conventionnel auquel se reconnaissent ceux qui ont reçu en dépôt la vérité, mais absolument distinct de cette vérité même qui est éternelle et universelle, qui est toute à tous et qui brûle de devenir un jour la propriété commune de tous les hommes. La pensée qui se dégage de ce livre, consacré presque tout entier à assurer la préservation du culte, c'est que le culte est transitoire, et que les pratiques juives cesseront quand les vérités juives seront partout reconnues[16]. C'est cette pensée féconde, explicitement exprimée par les docteurs du moyen âge, qui va assurer à la caste proscrite le privilège de la pensée, à l'heure où toute lumière s'éteint, et où, d'un bout de l'Europe à l'autre, l'Église fait régner l'ordre chrétien dans les intelligences pacifiées. La dispersion peut venir : l'unité morale est faite et la vie assurée. Cette unité est si forte que l'œuvre qui la consacre d'une façon définitive et durable vient, non de Jérusalem, mais de l'étranger, des écoles de

Babylonie[17]. C'est de là que le Talmud va se répandre chez tous les Juifs dispersés, et les prescriptions des Amoraïm de l'Euphrate vont devenir la loi de leurs frères, des bords du Nil aux bords de l'Aude. Quelques-uns veulent se soustraire à ce joug, les Caraïtes, qui remontent à la Bible comme loi unique : faute d'avoir vu que le Judaïsme n'est pas une religion figée et immuable, mais progressive et toute de changement, leur révolte contre le joug du Judaïsme talmudique n'aboutit qu'à un long suicide : en voulant supprimer six siècles de vie dans leur passé, ils se condamnent à rompre avec l'avenir, à ne plus compter dans le mouvement des esprits, et le Caraïsme, malgré le talent de ses premiers fondateurs, après la première expansion due à son libéralisme apparent, n'a plus que végété dans la stérilité et l'impuissance.

Nous entrons ici dans la troisième période, celle de la dispersion, période qui, d'ailleurs, ne commence pas à une date ni à une heure fixe, car elle a commencé bien avant la fin de l'unité nationale, et les histoires juives s'ouvrent en maint lieu avant la fin de l'histoire juive, elles s'ouvrent avant le christianisme même en Égypte, en Asie-Mineure, en Italie, à Rome, en Grèce, dans la Gaule méridionale, où les dissidents de la synagogue vont former le noyau des églises primitives. Dès une époque très reculée, des colonies sont descendues en Arabie, ont converti des tribus, fondé des états : leur propagande, née des échanges d'idées, du commerce quotidien plus que d'un plan suivi, gagne de proche en proche et agit même sur ceux qu'elle ne convertit pas ; les Arabes idolâtres acceptent de leurs mains les traditions bibliques et rabbiniques, et refont leurs légendes généalogiques sur les récits de la Genèse. Plus tard, vient s'ajouter la prédication des sectes judéo-chrétiennes, refoulées par l'orthodoxie naissante. Mahomet, à l'école des Juifs et des Judéo-chrétiens, fonde l'Islam, dont le dogme est le dogme juif, tombé dans une intelligence plus étroite, et dont la mythologie est essentiellement rabbinique et judéo-chrétienne.

Ainsi, à partir du septième siècle de notre ère, deux colonies du Judaïsme couvrent le domaine de la pensée humaine, colonies en lutte avec leur métropole, qui la maudissent, et qui la renient, non point seulement par le mépris dont elles la poursuivent, mais, chose plus grave et plus funeste pour elles, en déformant, chacune à sa façon, les principes qu'elles en ont reçus : l'Occident chrétien, en gardant de son passé l'esprit mythique, qu'il rend plus fatal qu'il ne fut au temps des dieux, parce qu'en le portant dans le dogme, il accule la science au silence ou au blasphème ; l'Orient arabe, en faisant de son Dieu la volonté suprême, au lieu d'en faire la raison suprême, ce qui l'amènera bientôt à sacrifier gratuitement la science et la pensée, sans l'excuse de dogme du Christianisme. Pendant un siècle ou deux, l'élément de raison qui est dans le Coran triomphe et amène l'éclosion d'une civilisation brillante qui fait que l'esprit humain dans le moyen âge ne subit pas une éclipse absolue. Les Juifs prennent part à ce mouvement à double titre, et par leur action personnelle, et en le faisant pénétrer parmi les Chrétiens. Éteint chez les Arabes, il amène en Europe la première Renaissance, celle de la fin de la Scolastique, qui préparera l'autre.

Littérature, philosophie, science se rajeunissent ou naissent. La littérature s'enrichit d'une veine nouvelle par la création de la poésie néo-hébraïque qui emprunte ses moules à la poésie arabe, et qui en Espagne arrive à l'originalité. Les derniers Gaons des écoles d'où est jadis sorti le Talmud fondent la théologie rationnelle, et chassent le surnaturel de la religion, qui n'est plus que l'expression abrégée des vérités démontrables et reconnaît la raison pour le critérium suprême, tandis que la Cabale ouvre au rêve ses grandes et belles avenues mystiques où errera souvent dans sa jeunesse la pensée de Spinoza. A la cour d'Almamoun, les Juifs, unis aux Nestoriens exilés, jettent dans le courant de la pensée arabe les débris de la philosophie grecque, qui de là reviendront en Europe. Enfin, sous la main de Juifs parlant arabe, la grammaire comparée naît dans le monde sémitique, huit siècles avant Bopp.

Seuls intermédiaires entre les Arabes et les Chrétiens, parce que seuls ils parlent la langue des uns et des autres, et parce que le commerce ou la persécution les porte ou les jette sans cesse de pays en pays, ils sont trois siècles durant les rouliers de la pensée entre l'Orient et l'Occident. Le moyen âge, emprisonné dans le dogme, ne pouvant avoir d'originalité que dans l'art et la politique, reçoit d'Orient sa science et sa philosophie, et c'est au Ghetto qu'il les cherche. Toute la philosophie arabe et une partie d'Aristote pénètrent dans la Scolastique par des traductions latines, faites par des Juifs, d'après des traductions hébraïques faites elles-mêmes sur l'original ou sur la traduction arabe.

La science, comme la philosophie, vient de là; Roger Bacon étudie sous les rabbins; la médecine est entre leurs mains; Richard d'Angleterre chasse les Juifs et, malade, appelle Maïmonide. Enfin toute une branche de la littérature sort du Ghetto : celle du conte et de la nouvelle : c'est de la main des traducteurs juifs que la France reçoit ces vieilles fables indiennes, nées au temps de Bouddha sur les bords du Gange, et qui vont avoir une si merveilleuse fortune aux bords de la Seine et de là dans toute l'Europe.

Par dessous ces actions visibles, une action sourde et invisible, inconsciente chez ceux qui l'exercent et ceux qui la subissent, et qui justifie après coup les haines de l'Église : c'est la polémique religieuse, qui ronge obscurément le Christianisme. La politique de l'Église à l'égard de Juifs eut toujours quelque chose d'incertain et de trouble qu'elle n'eut point devant les autres religions et devant les hérétiques. La haine du peuple contre les Juifs est l'œuvre de l'Église[18], et c'est pourtant elle seule qui le protège contre les fureurs qu'elle a déchaînées. C'est qu'elle a à la fois besoin du Juif et peur de lui : besoin de lui, parce que c'est sur son livre que le Christianisme est édifié; peur de lui, parce qu'étant le seul vraiment qui ait le secret du livre, il peut juger la foi de ses juges, et parfois, à un sourire, à un mot qui lui échappe, on voit qu'il la condamne et se fait fort, au fond de lui-même, d'en manifester les déceptions et l'erreur : c'est le démon qui a la clef du sanctuaire.

De là le grand rêve du prêtre : non de brûler le Juif, mais de le convertir ; on ne le brûle, sauf accident, qu'en désespoir de cause. Convertir des milliers de Sarrasins ou d'idolâtres n'est rien, ne prouve rien : mais convertir un Juif, faire reconnaître la légitimité de la foi nouvelle par l'héritier de la foi préparatoire, voilà le vrai triomphe, la vraie preuve, le témoignage suprême et irrécusable : tant qu'il reste un membre de l'ancienne Église qui nie, l'Église nouvelle se sent mal à l'aise et troublée dans sa quiétude d'héritière. De là toutes ces controverses solennelles provoquées par l'Église, toujours terminées en apparence par sa victoire, — abjuration, expulsion ou bûcher, — mais dont elle sort ébranlée sans le savoir, car la réponse, humble et accablante des accusés, trouve çà et là, parfois dans l'enceinte d'un couvent, une oreille qui la recueille, une âme inquiète où elle descend et travaille.

C'est pis encore avec des laïques ; saint Louis, effrayé, veut que le laïque ne discute avec le Juif qu'à coups d'épée[19]. Mais plus d'un, entré dans quelque maison sordide du Ghetto, où il va porter son gage ou chercher son horoscope, s'attardant sur le soir à causer des choses de mystère, sort de là troublé et bon pour le bûcher. Le Juif s'entend à dévoiler les points vulnérables de l'Église, et il a à son service, pour les découvrir, outre l'intelligence des livres saints, la sagacité redoutable de l'opprimé. Il est le docteur de l'incrédule ; tous les révoltés de l'esprit viennent à lui, dans l'ombre ou à ciel ouvert. Il est à l'œuvre dans l'immense atelier de blasphème du grand empereur Frédéric et des princes de Souabe ou d'Aragon : c'est lui qui forge tout cet arsenal meurtrier de raisonnement et d'ironie qu'il léguera aux sceptiques de la Renaissance, aux libertins du grand siècle, et tel sarcasme de Voltaire n'est que le dernier et retentissant écho d'un mot murmuré, six siècles auparavant, dans l'ombre du Ghetto, et plus tôt encore, au temps de Celse et d'Origène, au berceau même de la religion du Christ[20].

Par deux fois, l'Église effrayée s'aperçoit du péril, et, pour couper court, ne voit qu'un moyen, brûler les livres juifs : une première fois, sous saint Louis, elle réussit et du même coup étouffe les écoles juives de France et arrête l'éclosion de l'exégèse biblique qui venait d'y naître, cinq siècles avant Richard Simon ; la seconde fois, c'est au seuil du seizième siècle : mais Reuchlin se lève, et l'Europe derrière lui ; le grand souffle de la Renaissance étouffe la torche Dominicaine et la Réforme éclate. L'Espagne seule a échappé au péril, par la proscription en masse, et elle entre superbement dans son agonie.

La Réforme a pour les Juifs deux conséquences. D'une part, sans être émancipés, ils retrouvent une paix dont ils étaient déshabitués depuis des siècles : la furie d'extermination se tourne sur d'autres victimes, le fleuve de sang coule dans un autre lit. D'autre part, la Renaissance et la Réforme mettent l'étude de l'hébreu et de la science juive à l'ordre du jour. Les rabbins enseignent l'hébreu à l'Europe et à leurs convertisseurs catholiques ou protestants ; la Bible de Luther sort des commentaires de Raschi. La Cabale sort de ses mystères et s'empare des ardents qu'elle enivre de ses fumées, mais émancipe pour toutes les audaces, « car les Juifs seuls ont connu le nom véritable de Dieu[21]. » Une renaissance de l'esprit prophétique élève l'âme de l'Europe à une hauteur qu'elle n'avait point connue jusqu'alors, l'Ancien Testament supplante le Nouveau chez les plus fermes et les plus purs ; il donne à la France Coligny, d'Aubigné, Duplessis-Mornay, et son admirable phalange de martyrs et de héros ; il donne à l'Angleterre les puritains et la République et y installe la tradition démocratique : Cromwell, reconnaissant, rouvre aux Juifs les portes de l'Angleterre.

Vient enfin le grand siècle de la pensée libre : le voltairianisme, né avec Celse et les auteurs des Contre-Évangiles juifs, réfugié au moyen âge dans l'enceinte du Ghetto, d'où il sort timidement parmi quelques moines ou quelques conteurs, triomphant par instant à quelque cour semi-païenne, marche de front avec la Réforme, serpente sous la religion officielle du grand règne et éclate enfin avec Voltaire et les philosophes. La Révolution française, exécutant les décrets des philosophes, donne aux Juifs droit de patrie pleine et entière en France, et à sa suite, dans tous les pays de civilisation, en Italie, en Angleterre, en Hollande, en Danemark, en Serbie, en Grèce, en Suisse, en Autriche.

La Révolution française ouvre au Judaïsme, dans tous les pays où elle pénètre, et en France, avant tout, une ère nouvelle, dans un double sens, matériel et moral.

D'une part, en brisant la barrière de séparation entre le Juif et le Chrétien, elle met un terme à l'histoire du peuple juif. A partir du 28 septembre 1791, il n'y a plus place à une histoire des Juifs en France ; il n'y a plus qu'une histoire du Judaïsme français, comme il y a une histoire du Calvinisme, ou du Luthérianisme français, rien d'autre et rien de plus. La rapidité merveilleuse avec laquelle le Juif est devenu un membre de la grande patrie française, non seulement de droit et de nom, mais de fait, tient d'ailleurs à des causes plus anciennes et peut-être plus profondes encore que l'enthousiasme soudain de la justice chez les uns et de la reconnaissance chez les autres. La France, pour le Juif, n'est pas une patrie improvisée dans la fièvre d'une heure généreuse, c'est une patrie retrouvée. Là, en effet, la barrière élevée entre Juifs et chrétiens fut artificielle, factice et tardive : la haine du peuple ne fut pas une vieille tradition populaire, et les premiers siècles de notre histoire nous montrent les hommes des deux confessions vivant ensemble sur un pied d'égalité et dans des sentiments de mutuelle tolérance et de mutuelle estime qui révoltent les évêques du temps et contre lesquels ils se sentent longtemps impuissants[22]. C'est le triomphe de la féodalité qui, en ne laissant debout d'autorité respectée que celle de l'Église, livre les Juifs à une haine raisonnée et intéressée, qui, du haut de la chaire, s'infiltre lentement dans les masses : ainsi naissent et fermentent, dans le peuple ignorant et souffrant du moyen âge, des sentiments obscurs de répulsion et de haine, qui se sentent sanctifiés par la religion, et sur lesquels les croisades viennent souffler la flamme : la grande épopée religieuse du moyen âge s'ouvre par le massacre en masse des Déicides. À la religion qui sanctifie la haine vient s'ajouter une autre cause qui la légitime : le Juif, chassé tour à tour de la vie politique, de toutes les charges, de toutes les professions libérales, de la propriété immobilière, de tout ce qui attache, en traits visibles, au sol et à l'âme de la patrie, est refoulé dans le commerce et l'usure par les canons de l'Église et par la politique financière des rois qui sauront ainsi où mettre la main quand le Trésor est vide : dès lors, le peuple ne voit plus dans le Juif que l'homme d'affaires de son seigneur et de son roi, le symbole vivant et exécré de sa misère, et c'est ainsi que les deux grands opprimés du moyen âge, le peuple et le Juif, sont mis face à face, l'un jeté en proie à l'autre. Et pourtant, aux heures les plus désespérées, dans ces Ghettos où le parquent la loi, le mépris et la haine, l'opprimé vit par la pensée de la vie de ses oppresseurs : il aspire à franchir le mur de sa prison, à venir respirer l'air de France : la langue maternelle de ce paria, ce n'est pas un patois hébreu, c'est le français de la France, et la plus ancienne élégie française, la plus belle peut-être qui ait été composée en notre langue, a été écrite dans un Ghetto, à la lueur d'un bûcher[23]. La Renaissance et la Réforme, en détournant ailleurs les haines, et en introduisant un esprit plus large, accélèrent la fusion morale ; le préjugé est affaibli déjà bien avant le xviiie siècle qui lui porte le dernier coup, et la Révolution, par la voix de Mirabeau et de l'abbé Grégoire, n'a plus d'autres convictions à vaincre que celles de l'abbé Maury. L'émancipation même a ses précédents avant 89 ; des Juifs de Bordeaux et du Comtat sont citoyens dès 1776 : mais la Révolution française, en posant le principe général de l'égalité religieuse, en faisant passer les mœurs dans la loi d'une façon irrévocable et avec une hauteur et un éclat qui ont fait de l'exemple donné par elle la loi du monde civilisé, devient la date suprême et fatidique dans les fastes de la destinée juive.

Cette date, qui met fin à l'histoire matérielle du peuple juif, ouvre une ère nouvelle et étrange dans l'histoire de sa pensée. Pour la première fois, cette pensée se trouve en accord, et non plus en lutte, avec la conscience de l'humanité. Le Judaïsme qui, dès sa première heure, a toujours été en guerre avec la religion dominante, que ce fût celle de Baal, de Jupiter ou du Christ, est enfin arrivé en présence d'un état de pensée qu'il n'a pas à combattre, parce qu'il y reconnaît ses instincts et ses traditions. La Révolution n'est, en effet, que le retentissement dans le monde politique d'un mouvement bien plus vaste et plus profond, qui transforme la pensée tout entière et qui aboutit, dans l'ordre spéculatif, à la conception scientifique du monde substituée à la conception mythique, et, dans l'ordre pratique, à la notion de justice et de progrès. Dans ce grand écroulement de la religion mythique dont le bruit emplit notre âge, le Judaïsme, tel que les siècles l'ont fait, est la religion qui a eu le moins à souffrir et le moins à craindre, parce que ses miracles et ses pratiques ne font pas partie intégrante et essentielle, et que par suite il ne croule pas avec eux. Il n'a pas mis le prodige à la base du dogme, ni installé le surnaturel en permanence dans le cours des choses. Ses miracles, dès le moyen âge, ne sont plus qu'un détail poétique, récit légendaire, pittoresque de décor ; et sa cosmogonie, emprunté à la hâte à Babylone par le dernier rédacteur de la Bible, et les histoires de la pomme et du serpent, sur lesquelles tant de générations chrétiennes ont pâli, n'ont jamais bien inquiété l'imagination de ses docteurs ni pesé d'un poids bien lourd sur la pensée de ses philosophes. Ses pratiques n'ont jamais été « un moyen de croire, » un expédient pour « abêtir » à la foi une pensée rebelle : ce n'est qu'une habitude chère, un signe de famille, de valeur passagère, et destiné à disparaître quand il n'y aura plus qu'une famille dans le monde converti à la vérité une. Supprimez tous ces miracles et toutes ces pratiques : derrière toutes ces suppressions et toutes ces ruines, subsistent les deux grands dogmes qui depuis les prophètes font le Judaïsme tout entier : Unité divine et Messianisme, c'est-à-dire unité de loi dans le monde et triomphe terrestre de la justice dans l'humanité. Ce sont les deux dogmes qui, à l'heure présente, éclairent l'humanité en marche, dans l'ordre de la science et dans l'ordre social, et qui s'appellent dans la langue moderne, l'un *unité des forces*, l'autre *croyance au progrès*.

C'est pour cela que le Judaïsme, seul de toutes les religions, n'a jamais été et ne peut jamais entrer en lutte ni avec la science ni avec le progrès social et qu'il a vu et voit sans crainte toutes leurs conquêtes. Ce ne sont pas des forces hostiles qu'il accepte ou subit par tolérance ou politique, pour sauver par un compromis les débris de sa force : ce sont de vieilles voix amies qu'il reconnaît et salue avec joie, car il les a, bien des siècle déjà, entendu retentir dans les axiomes de sa raison libre et dans le cri de son cœur souffrant. C'est pour cela que, dans tous les pays qui se sont lancés dans la voie nouvelle, les Juifs ont pris leur part, et non médiocre, plus vite que ne le font des affranchis de la veille, à toutes les grandes œuvres de la civilisation, dans le triple champ de la science, de l'art et de l'action.

Est-ce à dire que le Judaïsme ait à nourrir des rêves d'ambition, et doive songer à réaliser un jour cette « Église invisible de l'avenir » que quelques-uns appellent de leurs vœux ? Ce serait une illusion de sectaire ou d'illuminé. Ce qui est vrai seulement, c'est que l'esprit juif peut agir encore dans le monde pour la science suprême et le progrès sans fin, et que le rôle de la Bible n'est pas achevé. La Bible n'est pas responsable du demi-avortement du Christianisme, dû aux compromis de ses organisateurs, trop pressés de vaincre et de convertir le paganisme en se convertissant à lui : mais tout ce qui dans le Christianisme vient en droite ligne du Judaïsme vit et vivra, et c'est le Judaïsme qui par lui a jeté dans le vieux monde polythéiste, pour y fermenter jusqu'au bout des siècles, le sentiment de la grande unité et une inquiétude de charité et de justice. Le règne de la Bible, et des Évangiles en tant qu'ils s'inspirent d'elles, ne pourra que s'affermir à mesure que les religions positives qui s'y rattachent perdront de leur empire. Les grandes religions survivent à leurs autels et à leurs prêtres : l'hellénisme aboli a moins d'incrédules aujourd'hui qu'aux jours de Socrate et d'Anaxagore ; les dieux d'Homère se mouraient quand Phidias les taillait dans le Paros : c'est à présent qu'ils trônent vraiment dans l'immortalité, dans la pensée et le cœur de l'Europe. La croix a beau tomber en poussière : il est quelques paroles, prononcées à son ombre en Galilée, dont l'écho vibrera à toute éternité dans la conscience humaine. Et quand le peuple qui a fait la Bible s'évanouirait, race et culte, sans laisser de trace visible de son passage sur la terre, son empreinte serait au plus profond du cœur des générations qui n'en sauront rien, peut-être, mais qui vivront de ce qu'il a mis en elles. L'humanité, telle que la rêvent ceux qui voudraient qu'on les appelât des libres-penseurs, pourra renier des lèvres la Bible et son œuvre : elle ne pourra la renier de cœur sans arracher d'elle-même ce qu'elle a de meilleur en elle, la foi en l'unité et l'espérance en la justice, sans reculer dans la mythologie et le droit de la force de trente siècles en arrière.

1. ↑ Publié en brochure à la *Librairie nouvelle*, Paris, 1881.
2. ↑ L'hébreu a été longtemps, et est encore quelquefois, la clef des inscriptions phéniciennes et assyriennes.
3. ↑ Rawlinson, Oppert, Halévy, Schrader, Lenormant, Smith, etc.
4. ↑ Brugsch, Chabas, Lepsius, Mariette, Maspero, etc.
5. ↑ Munk.
6. ↑ Movers, Renan, de Voguë, Clermont-Ganneau, Berger, etc.

7. ↑ Stèle de Mescha (au Louvre, salle judaïque).

8. ↑ Rappaport, Geiger, Derenbourg, Frankel, Jost, Graetz, Fürst, Zunz, etc.

9. ↑ Voir le Manuel de Schürer.

10. ↑ Oracles Sibyllins, le 4e livre d'Esdras, Assomption de Moïse, Psautier de Salomon, livre d'Enoch, etc.

11. ↑ Zunz, Neubauer, Steinschneider, Institut de France (Histoire des Rabbins français, dans l'*Histoire littéraire*, par M. Ernest Renan).

12. ↑ Jusqu'au moment où Babylone entre en scène.

13. ↑ Les prophètes dont il ne reste que le nom.

14. ↑ Isaïe, I.

15. ↑ Ezéchiel, XVIII ; Jérémie, XXXI.

16. ↑ Avant même cette époque, le Juif peut, en temps de persécution ou en cas de danger, se considérer comme dégagé de toutes les prescriptions de la loi, sauf de trois, celles qui défendent l'idolâtrie, l'impureté et l'homicide (Maïmonide).

17. ↑ Le Talmud de Jérusalem ne s'est pas répandu et compte pour peu dans le développement du moyen âge.

18. ↑ Voir plus bas, page 273.

19. ↑ « (Grande folie avait-il fait) d'assembler telle desputoison ; car avant que la desputoison fust menée à fin, avoit-il ceans grant foison de bons crestiens, qui s'en fussent parti tuit mescreant, parce que il n'eussent mie bien entendu les Juis. Aussi vous di-je, fist li roys, que nulz, se il n'est très bon clers, ne doit desputer à aus ; mais li hom lays, quant il ot mesdire de la loy crestienne, ne doit pas defendre la loy crestienne, ne mais de l'espée, de quoy il doit donner parmi le ventre dedens, tant comme elle y peut entrer » (Joinville, 53).

20. ↑ Dans les *Contre-Évangiles* du premier siècle.

21. ↑ Reuchlin

22. ↑ Agobard.

23. ↑ Elégies du Vatican sur l'auto-da-fé de Troyes.